Bandraoi Loch an Dúin

Gabhann an t-údar buíochas leis na daoine seo a leanas:
Aindrias Mac Niallghuis
Pádraig Ó Dochartaigh

© Foras na Gaeilge 2006
Athchló 2008

ISBN 978-1-85791-581-5

Muintir Chathail Teo a chlóbhuail in Éirinn

Le fáil ar an bpost uathu seo:
An Siopa Leabhar   *nó*   An Ceathrú Póilí
6 Sráid Fhearchair,   Cultúrlann MacAdam-Ó Fiaich,
Baile Átha Cliath 2.   216 Bóthar na bhFál,
ansiopaleabhar@eircom.net   Béal Feirste BT 12 6AH
                                                 leabhair@an4poili.com

Orduithe ó leabhardhíoltóirí chuig:
Áis,
31 Sráid na bhFíníní,
Baile Átha Cliath 2.
eolas@forasnagaeilge.ie

An Gúm, 24-27 Sráid Fhreidric Thuaidh, Baile Átha Cliath 1

Bandraoi Loch an Dúin

Seán Beattie
a scríobh

Tim Stampton
a mhaisigh

AN GÚM
Baile Átha Cliath

Mhair bandraoi léi féin fadó ar oileán i Loch an Dúin.

In iardheisceart Dhún na nGall atá an t-oileáinín uaigneach sin.
Istigh i lios de chuid Chlann Uí Bhaoill a bhí cónaí uirthi.

Bhí bó aici darbh ainm Donn agus damhán alla darbh ainm Dána.

Ba í Donn an t-aon bhó ar an oileán.

Gach maidin le héirí gréine thagadh an bandraoi amach chun an bhó a bhleán.

Níor thaitin solas na gréine leis an bhandraoi.

Chomh luath agus a bhí an bhó blite aici ar ais

chuig an lios dorcha léi.

Nach aisteach an saol a bhí aici. Í ag caint léi

féin, nó le Dána.

Ag an am sin bhí drochnós ag na sióga — an bainne a ghoid ó na ba.

Is ar bhainne amháin a mhair Bandraoi Loch an Dúin.

Mar sin bhí sí i gcónaí san airdeall ionas nach dtiocfadh na sióga i ngar dá bó, Donn.

Le teacht na hoíche ba ghnách léi amharc ar
Dhonn ar feadh cúpla bomaite, a lámh a ardú
agus na focail rúnda seo a rá os íseal:

Cum cang cung! Cum cang cung!

Níl a fhios ag Críostaí ar bith cad is brí leis na
focail sin. Ach bhí draíocht iontu, bhí.
Bhí an t-oileán ar fad faoi dhraíocht!
Bhí an damhán alla, Dána, faoi dhraíocht.

Tar éis di na focail sin a rá — Cum cang cung!
Cum cang cung! — rinne an bandraoi codladh
sámh ansin agus a fhios aici nár bhaol do Dhonn
go maidin.

Agus chodail Donn go sámh ... Chodail, leoga,
mar bhí cumhacht ag an bhandraoi chun Donn
a iompú ina cloch! Agus is ina cloch a bheadh sí
go maidin.

Thagadh sí féin amach ansin le héirí gréine chun
Donn a dhúiseacht agus a bhleán. Agus chanadh
sí:

Deirín Dé, Deirín Dé...

Sin an méid. Ní raibh guth rómhaith aici.
Agus ní raibh de lucht éisteachta aici ach na
sciatháin leathair — agus Dána.

Tháinig iascaire lá amháin. Bhí Donn fiosrach. Síos léi go bruach an locha chun amharc air.

De thaisme, bhuail an t-iascaire Donn lena mhaide rámha.

Go tobann, chuala an t-iascaire fuaim aisteach
san aer:

Cum cang cung! Cum cang cung!

Tháinig eagla air.

An chéad rud eile iompaíodh an t-iascaire ina
dhealbh chloiche! Agus iompaíodh Donn ina
dealbh chomh maith! Thit an bhó isteach sa
loch. Lean an t-iascaire í. Síos leo go tóin poill!

Ní fios cén fáth ar tharla sé sin. Bhí an draíocht imithe ó smacht ar an oileán!

Nuair a fuair an bandraoi amach gur bádh Donn bhuail taom tinnis go tobann í.

'Mo bhó! Ó bhó! Mo bhó! Ó bhó!' ar sise agus ní dúirt sí focal eile. Cailleadh í, an créatúr. Agus cailleadh Dána.

Chuala a deirfiúr a bhí ina cónaí ar bhruach Loch

Biorróg, chuala sí an bhéicíl is an screadach.

Bhí a fhios aici go raibh an bandraoi marbh.

Cailleadh ise fosta, an créatúr bocht.

B'in deireadh leis an draíocht ar an oileán.

Ach ní hea ar fad. Tabhair cuairt ar an áit agus beidh a fhios agat. Cuir cluas le héisteacht ort féin!

Má éisteann tú go géar, cloisfidh tú í, cloisfidh tú an bhó, Donn. I dtóin an locha atá sí agus Bandraoi Loch an Dúin á lorg aici.

Mura gcloiseann tú Donn b'fhéidir go gcloisfidh tú na focail seo ag teacht chugat ar an ghaoth:

Deirín Dé, Deirín Dé ...

Í féin, an bandraoi! Má chloiseann tú í, cas ar do sháil agus abhaile leat go tapa!